La capital de nuestra nación

nación

Kelly Rodgers

Asesora

Caryn Williams, M.S.Ed.
Madison County Schools
Huntsville, AL

Créditos de imágenes: Portada y pág. 1 Boris Suvak/
Alamy; pág. 29 (abajo) David R. Frazier Photolibrary, Inc./
Alamy; pág. 29 (arriba) Michael Ventura/Alamy; pág. 5
(arriba) Mira/Alamy; págs. 4–5 Visions of America, LLC/
Alamy; pág. 6 The Bridgeman Art; págs. 20, 32 Andy
Dunaway/USAF/Getty Images; pág. 23 Bob Gomel/
Time & Life Pictures/Getty Image; pág. 11 Mandel
Ngan/AFP/Getty Images; pág. 16 Murat Taner/Getty
Images; pág. 10 The White House/Getty Images; págs. 7
(fondo), 13 (arriba), 22 The Granger Collection, NYC/
The Granger Collection; págs. 9 (fondo), 15 (arriba), 25,
31 iStock; págs. 10–11 Lexa Hoang (ilustraciones); págs.
contraportada y págs. 7 (derecha) LOC, LC-USZ62-48930;
pág. 8 (derecha) LOC, LC-DIG-ppmsca-23759; pág. 8
(izquierda) LOC, LC-USZC4-1495 The Library of Congress;
pág. 19 (abajo) Ben Stansall/AFP/Getty Images/
Newscom; pág. 21 (derecha) Reuters/Newscom; págs. 3,
19 (arriba) Rorger L. Wollenberg/UPI/Newscom; pág. 15
(abajo) North Wind Picture Archives; pág. 13 (ambas,
abajo) Michelle Ong; pág. 17 The U.S. National Archives;
págs. 20–21 Wikipedia Commons; todas las demás
imágenes pertenecen a Shutterstock.

Teacher Created Materials

5301 Oceanus Drive
Huntington Beach, CA 92649-1030
http://www.tcmpub.com
ISBN 978-1-4938-0591-4
© 2016 Teacher Created Materials, Inc.
Printed in China
Nordica.082019.CA21901024

Índice

El centro de nuestra nación

Cada año, muchas personas viajan a Washington D. C. Visitan la gran cantidad de **monumentos**. Recorren los diversos museos. Caminan por las bulliciosas calles de la ciudad. Washington D. C. es la **capital** de nuestra nación. Muchos de los líderes de nuestro país trabajan allí. Es el lugar donde vive el presidente. Las personas se reúnen allí para honrar a nuestro país.

La ciudad está llena de historia. Ha sido sede de poderosas **protestas** y agradables desfiles. Nuevas leyes se crean allí y también se toman grandes decisiones. En este lugar, las personas han debatido sobre cómo debería funcionar el gobierno. Han guiado a nuestro país de maneras que creen que mejorarán las vidas de todos.

una celebración en el edificio del Capitolio de Washington D. C.

Hay lugares en la ciudad para ayudarnos a aprender sobre el pasado de nuestra nación. Observamos la ciudad para recordar cómo comenzó nuestro país. Y la observamos para que nos ayude a avanzar. Washington D. C. está ubicada en la Costa Este, pero es el centro de nuestra nación.

Este es el Monumento a Jefferson en Washington D. C. Honra a Thomas Jefferson.

Planificación de la ciudad

En 1791, la ciudad recibió ese nombre en honor a George Washington. La sigla "D. C." significa **Distrito** de Columbia. El distrito recibió ese nombre por el explorador Cristóbal Colón. Es un distrito **federal**. Esto significa que los líderes del país trabajan allí. No forma parte de ningún estado.

El presidente Washington eligió a Pierre L'Enfant para que fuera el **arquitecto**. El trabajo de L'Enfant era planificar la nueva ciudad. Cuando comenzó, Washington D. C. era un gran pantano lleno de mosquitos. Sin embargo, L'Enfant quería que la ciudad fuera tan impactante como las capitales de Europa.

Los planes de L'Enfant incluyeron edificios del gobierno. Estos debían ser los edificios más grandes de Estados Unidos en ese momento. Quería que las personas vieran los edificios y pensaran en Estados Unidos como un país fuerte. Reservó un área para que viviera el presidente. Planificó parques, calles y lugares públicos para que las personas se reunieran. Quería que la ciudad fuera hermosa y fácil de usar.

George Washington

plano de L'Enfant para la ciudad

Pierre L'Enfant

Edificios del gobierno

Washington D. C. alberga muchos edificios del gobierno. Nuestros líderes se reúnen en ellos para tomar grandes decisiones para el país. La Casa Blanca, el edificio del Capitolio y la Corte Suprema son tres de estos edificios.

Esta pintura de 1807 muestra los planos para el lado este de la Casa Blanca.

plano del primer piso de la Casa Blanca

La Casa Blanca

La Casa Blanca es el lugar en el que vive y trabaja el presidente. También es la casa del pueblo. Pertenece a todos los estadounidenses. Cada presidente sabe que solamente puede permanecer en la casa mientras el pueblo se lo permita. Cuando un nuevo presidente es **electo**, esa persona se muda a la Casa Blanca y el presidente anterior la abandona.

En 1791, el presidente Washington eligió el lugar para la Casa Blanca. Se necesitaron ocho años para construirla. John Adams fue el primer presidente en vivir allí. Durante la guerra de 1812, los británicos incendiaron la Casa Blanca. Tomó años reconstruirla. Durante el siglo XX, se realizaron muchas **renovaciones** a la casa.

Hoy en día, la Casa Blanca es un edificio reconocido en todo el mundo. Es un símbolo de libertad y, a menudo, es la primera parada de las personas cuando recorren Washington D. C.

¿Por qué ese nombre?

La Casa Blanca recibió su nombre debido a que una gran cantidad de los edificios que la rodeaban estaban construidos con ladrillos rojos. El color blanco brillante se destacaba. Esto ayudaba a que la casa del presidente se notara.

La Casa Blanca tiene más de 130 habitaciones. Muchas de las habitaciones de la Casa Blanca se conocen por su color. La sala azul, la sala verde y la sala roja son todas habitaciones famosas de la Casa Blanca. Hay dormitorios para la familia del presidente. También hay una cocina grande. ¡El personal puede preparar la cena para más de 140 invitados! Hay una sala de mapas y una biblioteca. Y, por supuesto, hay oficinas para que las personas trabajen.

Afuera, hay una piscina y una cancha de tenis para ayudar a que el presidente se mantenga en forma. ¡Incluso hay un putting green para que el presidente practique golf! Además, hay jardines de verduras para ayudar a que el presidente coma sano.

Cuando los líderes **extranjeros** viajan a Estados Unidos, por lo general se les invita a la Casa Blanca. A algunos de ellos se les invita al despacho oval. Este es el lugar en el que trabaja el presidente. En esta habitación, se toman muchas decisiones importantes.

Barack Obama juega golf en la Casa Blanca con el vicepresidente Joe Biden en 2009.

Cómo comunicarse con el presidente

¿Sabías que puedes enviarle cartas al presidente a la Casa Blanca? La dirección es 1600 Pennsylvania Avenue, Washington, D. C. 20500. ¡También puedes enviarle un mensaje de correo electrónico al presidente!

la entrada del ala oeste

la sala de recepción del ala oeste

el gabinete presidencial

sala de prensa James S. Brady

el Jardín de las Rosas

ALA OESTE

el despacho oval

la sala Roosevelt

En números

La Casa Blanca es grande, ¿pero qué tan grande? Mira estos números. Tiene lo siguiente:

- 412 puertas
- 147 ventanas
- 132 habitaciones
- 35 baños

- 28 chimeneas
- 8 escaleras
- 6 pisos
- 1 presidente

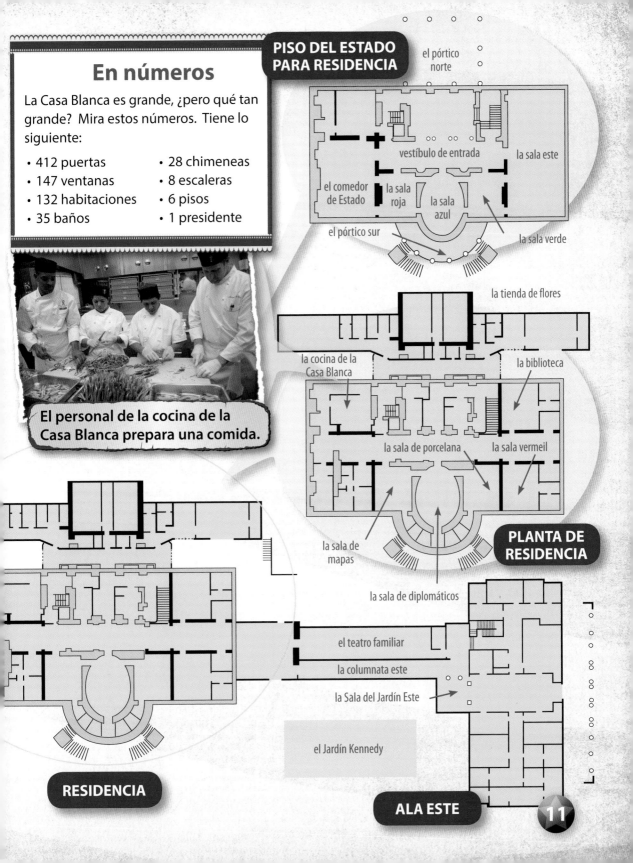

El personal de la cocina de la Casa Blanca prepara una comida.

PISO DEL ESTADO PARA RESIDENCIA

el pórtico norte

vestíbulo de entrada

la sala este

el comedor de Estado

la sala roja

la sala azul

la sala verde

el pórtico sur

PLANTA DE RESIDENCIA

la tienda de flores

la cocina de la Casa Blanca

la biblioteca

la sala de porcelana

la sala vermeil

la sala de mapas

la sala de diplomáticos

el teatro familiar

la columnata este

la Sala del Jardín Este

el Jardín Kennedy

RESIDENCIA

ALA ESTE

El edificio del Capitolio

El **Congreso** funciona en el edificio del Capitolio. Hay cientos de miembros del Congreso. Estos hombres y mujeres se aseguran de que el gobierno satisfaga las necesidades de las personas. También redactan leyes. Los estadounidenses los eligen para que estén al servicio del país.

El edificio del Capitolio se encuentra en el centro de la ciudad. Es un símbolo de la **democracia**. Este es un valor estadounidense. Significa que todos debemos ser libres para tomar decisiones. Un rey o una reina no deben tomar decisiones en nuestro nombre. Todos debemos poder opinar sobre cómo se administra el país.

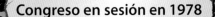

Congreso en sesión en 1978

Puedes verlo en vivo

Si planificas con anticipación, puedes ver cómo trabaja el Congreso en el Capitolio. Solicita un pase libre para ver al gobierno en acción.

United States Senate

ADMIT

To the Senate Gallery for the One Hundred Twelfth Congress

UNITED STATES CAPITOL

GALLERY

UNITED STATES

House of Representatives

ADMIT

To the Visitor's Gallery for the One Hundred Twelfth Congress

UNITED STATES CAPITOL

HOUSE GALLERY

entradas para ver al Congreso en sesión

No fue fácil construir el Capitolio. Por momentos, no había suficiente dinero. Otras veces, se necesitaba más espacio. El edificio del Capitolio tiene más de 200 años de antigüedad. Ha sobrevivido muchos cambios, ¡incluso un incendio! Hoy en día, muchas personas se acercan para admirar la estatua llamada *Libertad*. Se ubica en la parte superior del edificio.

Estatua de Libertad

La Corte Suprema

La Corte Suprema comenzó en 1790. Pero le tomó 145 años más obtener su propio edificio. Hoy se encuentra ubicada cerca del edificio del Capitolio.

Los **magistrados** de la Corte Suprema son los principales jueces de nuestro país. Tienen la última palabra cuando las personas no se ponen de acuerdo sobre el significado de una ley. Escuchan casos de tribunales que son importantes para el país. Luego, deciden qué lado está en lo correcto.

la parte superior del edificio de la Corte Suprema

magistrados de la Corte Suprema, 1910

El frente del palacio de justicia tiene palabras esculpidas. Dicen "Justicia equitativa bajo la ley". Esto les recuerda a los magistrados que siempre deben ser justos. Promete que la Corte Suprema será un lugar en el que cualquiera pueda ser escuchado.

Las personas pueden presenciar casos de tribunales. ¡Pero encontrar un asiento es la parte difícil! La mayoría de los casos suelen tener mucha concurrencia. Algunas personas esperan durante la noche para observar cómo se toman las decisiones.

Lugares para aprender

Hay muchos lugares para aprender en Washington D. C. Las personas pueden buscar documentos importantes. Pueden aprender sobre el pasado. Y los **expertos** realizan investigaciones para planificar el futuro.

La Biblioteca del Congreso

La Biblioteca del Congreso es la biblioteca más grande del mundo. Ha sobrevivido incendios y guerras. En la actualidad, ¡la biblioteca tiene 838 millas de estantes! La biblioteca recopila aproximadamente dos millones de artículos por año. Tiene toneladas de libros y mapas. Además, allí se guardan fotografías y música. Es un lugar en el que los expertos pueden aprender sobre cualquier tema.

la sala de lectura principal de la Biblioteca del Congreso

Los Archivos Nacionales

Los **Archivos** Nacionales contienen los registros más importantes de nuestra nación. Este edificio tiene más de 10 mil millones de documentos. Estos cubren una amplia variedad de temas. Cuentan sobre el momento en que las personas llegaron a Estados Unidos. Cuentan quiénes estaban en el ejército. Incluso muestran cuando se compró tierra para Estados Unidos.

No es necesario que viajes a Washington D. C. para ver la biblioteca y los archivos. Simplemente, visita sus sitios web. ¡Puedes estudiar una parte de la historia desde casa!

La compra de Alaska

La Biblioteca del Congreso contiene un antiguo cheque escrito por la compra de Alaska. Tiene fecha del 1 de agosto de 1868. Estados Unidos le pagó a Rusia $7.2 millones por la tierra.

El Smithsoniano

Imagina un lugar al que los principales pensadores del mundo pudieran acudir para intercambiar ideas. ¿Qué ocurriría si ellos pudieran estudiar la última tecnología allí? O bien, quizá les gustaría ver de cerca piezas del pasado de Estados Unidos. Un museo es un excelente lugar para hacer estas cosas. El Smithsoniano es uno de los museos más grandiosos del mundo.

Los expertos visitan el Smithsoniano para hacer investigaciones. Algunos de los mejores científicos de la nación trabajan allí. Estudian todo, desde las estrellas en el cielo hasta los animales nuevos encontrados en el bosque tropical.

El Smithsoniano es el museo y el centro de investigación más grande del mundo. De hecho, ¡está compuesto por 19 museos! Hay varios museos de arte. Hay un zoológico y un jardín. Hay un lugar para aprender sobre el sistema postal. ¡La colección tiene más de un millón de artículos! Proteger estos artículos es importante. Nos ayudan a recordar el pasado y a comprender el presente.

El trasbordador espacial *Discovery* se exhibe en el Smithsoniano.

Zapatos y un sombrero

El Museo de Historia Americana en el Smithsoniano tiene un sombrero usado por el presidente Lincoln. También tiene un par de zapatillas de rubí. Judy Garland usó estos famosos zapatos en la película *El Mago de Oz*.

el Museo de Historia Natural del Smithsoniano

Geology, Gems & Minerals

Ancient Seas Ice Age

19

Lugares para recordar

La Explanada Nacional es un lugar favorito para visitar en Washington D. C. Alberga monumentos especiales. Es un lugar rico en historia. Grandes grupos de personas se han reunido aquí para protestar en contra de leyes injustas. Otros se han reunido para apoyarse entre sí.

La Casa Blanca y el edificio del Capitolio están en la Explanada. La Explanada también incluye **homenajes** presidenciales. Hay estatuas que honran a aquellos que han luchado en guerras. Hay parques y jardines. La Explanada es un símbolo de nuestro pasado. Es un lugar al que los estadounidenses acuden para celebrar el futuro.

la Explanada Nacional

El Monumento a Washington

El Monumento a Washington honra al primer presidente estadounidense, George Washington. Es una estatua alta y sencilla cubierta con mármol blanco. Su construcción tomó 36 años y se terminó en 1884. Alrededor del monumento, hay 50 banderas. Hay una por cada estado. El monumento puede verse a millas de distancia.

Un obelisco

El Monumento a Washington es un obelisco. Un obelisco es una columna alta. Se estrecha en la parte superior y culmina en punta.

Hay 50 banderas alrededor de la parte inferior del monumento.

El Monumento a Lincoln

Es posible que hayas visto este homenaje antes. ¡Está al reverso de una moneda de un centavo! El Monumento a Lincoln honra al presidente Abraham Lincoln. Se construyó en 1922. Es extraordinario, muy similar a como era nuestro decimosexto presidente.

Lincoln fue presidente durante la Guerra Civil. Quería poner fin a la esclavitud. Creía que la esclavitud era incorrecta. Fue un líder fuerte y ayudó a unificar el país. Su trabajo fue importante para muchas personas. Algunos comenzaron a honrar a Lincoln con estatuas y pinturas mientras todavía era presidente.

Esta pintura muestra al presidente Lincoln saludando a los soldados durante la Guerra Civil.

La Guerra Civil

Durante la Guerra Civil, el país se dividió en dos. El Norte estaba en contra de la esclavitud. El Sur combatía para mantener la esclavitud. Lincoln quería poner fin a la esclavitud y mantener el país unido.

Las personas se reúnen frente al Monumento a Lincoln para escuchar el discurso del Dr. Martin Luther King Jr. en 1963.

Muchas personas conocidas han pronunciado discursos en el Monumento a Lincoln. Allí, el Dr. Martin Luther King Jr. dio su famoso discurso "Tengo un sueño". Dijo que todas las personas debían recibir el mismo trato. Este fue un lugar poderoso para decir estas palabras. Sabía que Lincoln se había sentido del mismo modo casi 100 años antes. El Dr. King quería vincular su trabajo con el de Lincoln. Esto fortaleció aún más el mensaje.

El Monumento a los Veteranos de Vietnam

Entre 1954 y 1975, Estados Unidos peleó una guerra difícil. El Monumento a los Veteranos de Vietnam honra a las personas que murieron en esta guerra. Está hecho de piedra pulida. Los nombres de los hombres y las mujeres que perdieron su vida en la guerra están esculpidos en el muro. A menudo los visitantes calcan en papel los nombres de las personas que perdieron. De esta sencilla manera, pueden llevarse a casa parte del homenaje.

Calco de los nombres

A menudo, los visitantes encuentran el nombre de un ser querido en el muro. Colocan una hoja de papel sobre el nombre. Luego, toman un lápiz y lo frotan sobre el nombre. Así, el nombre se transfiere a la hoja de papel.

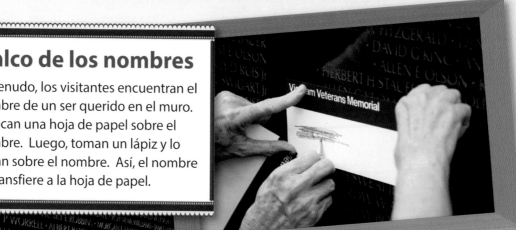

Monumento a los Veteranos de Vietnam

Monumento a Martin Luther King Jr.

En 2011, Estados Unidos honró al Dr. Martin Luther King Jr. Él hizo de Estados Unidos un lugar más equitativo. Se convirtió en un símbolo de esperanza y libertad para muchos. Hoy en día, su monumento ayuda a que las personas lo recuerden. Sus palabras están esculpidas en el monumento. Dicen *De la montaña de la desesperación, una piedra de esperanza.* El Monumento a Martin Luther King Jr. es el primer monumento en la Explanada Nacional que no honra una guerra, a un presidente ni a un hombre blanco.

Monumento a Martin Luther King Jr.

Un tesoro estadounidense

Washington D. C. se construyó para ser el hogar de los líderes estadounidenses. Pero se ha convertido en mucho más. Hoy en día, millones de personas tienen su hogar en Washington D. C. Allí viven personas de todo el mundo. Con ellas traen nuevas ideas y nuevas maneras de hacer las cosas. Más de 170 países tienen oficinas allí. Es donde trabajan los líderes de otros países. Llegan estudiantes de todo el mundo para asistir a la escuela allí. Muchos visitantes llegan a Washington D. C. cada año. Disfrutan de las vistas y los sonidos de la ciudad.

En la ciudad, se preserva el pasado de Estados Unidos. Y hoy en día, los artistas y los historiadores lo celebran. Los legisladores respetan la ciudad. Alberga algunos de los homenajes y edificios más importantes del país. Sus monumentos y museos dan la bienvenida a las personas. Ayudan a los estadounidenses a sentirse conectados entre sí y con el pasado. Washington D. C. es un tesoro estadounidense.

Gente se reúne en el Monumento a Lincoln para ver la toma de posesión de Barack Obama.

¡Planifícalo!

Una visita a la capital de la nación es emocionante. Revisa los lugares en este libro. Haz una lista de los lugares que te gustaría ver en Washington D. C. Considera cuánto tiempo te gustaría pasar en cada lugar. Elabora un horario. Luego, suma las horas y decide cuánto debería durar tu viaje. ¡Asegúrate de incluir tiempo para comer y dormir!

Esta familia examina la Constitución de EE. UU. en los Archivos Nacionales.

Esta familia visita el Smithsoniano.

Glosario

archivos: lugares donde se guardan registros públicos o documentos históricos

arquitecto: una persona que diseña edificios o ciudades

capital: la ciudad donde se encuentran las oficinas principales de un gobierno

Congreso: el grupo de personas responsable de hacer las leyes de un país

democracia: una forma de gobierno en la que las personas eligen a sus líderes por medio del voto

distrito: un área que tiene un propósito especial

electo: elegido por medio del voto

expertos: personas que estudian un tema durante mucho tiempo y saben mucho acerca de él

extranjeros: ubicados fuera de un determinado lugar o país

federal: relacionado con el gobierno central

homenajes: cosas que rinden honor a una persona que murió o que sirven de recordatorio de un evento en el que murieron muchas personas

magistrados: jueces de la Corte Suprema

monumentos: edificios, estatuas o lugares que rinden honor a personas o eventos

protestas: eventos en los que las personas se reúnen para demostrar un marcado descontento acerca de algo

renovaciones: cambios y reparaciones para dejar algo en buenas condiciones nuevamente

Índice analítico

¡Tu turno!

Estimado presidente

Escribe una carta al presidente de Estados Unidos. Cuéntale al presidente por qué te gustaría visitar Washington D. C. Hazle preguntas que tengas sobre cómo es la vida allí.